BEI GRIN MACHT SICH IHR WISSEN BEZAHLT

AF137935

- Wir veröffentlichen Ihre Hausarbeit,
  Bachelor- und Masterarbeit

- Ihr eigenes eBook und Buch -
  weltweit in allen wichtigen Shops

- Verdienen Sie an jedem Verkauf

Jetzt bei www.GRIN.com hochladen und kostenlos publizieren

Erstellung eines individuellen Trainingsplans für einen Profibasketballer

GRIN :)

Bibliografische Information der Deutschen Nationalbibliothek:

Die Deutsche Nationalbibliothek verzeichnet diese Publikation in der Deutschen Nationalbibliografie; detaillierte bibliografische Daten sind im Internet über http://dnb.d-nb.de abrufbar.

ISBN: 9783346833921
Dieses Buch ist auch als E-Book erhältlich.

© GRIN Publishing GmbH
Nymphenburger Straße 86
80636 München

Druck und Bindung: Books on Demand GmbH, Norderstedt Germany
Gedruckt auf säurefreiem Papier aus verantwortungsvollen Quellen

Das Buch bei GRIN: https://www.grin.com/document/1335266

Deutsche Hochschule für

Prävention und Gesundheitsmanagement

Hermann Neuberger Sportschule 3

66123 Saarbrücken

Einsendeaufgabe

Fachmodul: Trainingslehre 1

Studiengang: Sportökonomie

Studienort: **Köln**

Semester: **WS 2020**

Inhaltsverzeichnis

1 Diagnose

1.1 Allgemeine und biometrische Daten

Tab.1 Allgemeine Daten

Geschlecht	Männlich
Alter	23
Körpergröße	189 cm
Gewicht	86kg
Beruf	Student / Profibasketballer 1.Regionalliga
Trainingsmotive	-Verbesserung der Ausdauer -Muskelaufbau -Aufbau sowie Verbesserung der Körperstabilität -Verbesserung der Sprungkraft
Aktuelle sportliche Tätigkeit:	-ein - bis zweimal in der Woche Krafttraining (außerhalb der Saison) -zwei- bis dreimal die Woche Basketballtraining mit dem Team (innerhalb der Saison
Frühere sportliche Aktivität	-spielt seit der Jugend Basketball und hat dementsprechend Vorkenntnisse
Zeitlicher Verfügungsrahmen	-außerhalb der Saison → drei- bis viermal die Woche à 60-85 Min
Leistungsstufe	Fortgeschritten

Tab.2 Biometrische Daten

Blutdruck	127/83 mmHg
Orthopädische Probleme	In der letzten Saison den Mittelfußknochen im rechten Fuß angerissen. Durch die Schonung wurde der linke Fuß intensiver belastet. Schmerzen sind nicht vorhanden
Medikamente	keine
BMI	24,1
Skelettmuskelmasse	35,4 kg

Tab.3 WHO Einteilung Arterieller Hypertonie (modifiziert nach WHO)

Bewertung	Systolisch (mmHg)	Diastolisch (mmHg)
Optimaler Blutdruck	<120	<80
Normaler Blutdruck	120-129	80-84
Hoch-Normaler Blutdruck	130-139	85-89
Milde Hypertonie (Stufe 1)	140-159	90-99
Mittlere Hypertonie (Stufe 2)	160-179	100-109

Anhand der Informationen lässt sich erschließen, dass es bei der folgenden Person um einen 23-Jährigen männlichen Probanden geht, der momentan mit seiner Bachelor-Arbeit für sein Studium beschäftigt ist. Die Körpergröße des Studenten beträgt 189cm und er bringt somit 86kg auf die Waage. Mithilfe eines Blutdruckmessgerätes wurde der Blutdruck des 23-jährigen Mannes gemessen. Der systolische Blutdruck von 127 mmHg sowie ein diastolischer Blutdruck von 83 mmHg geben den Befund, dass beide Werte des Probanden im Normalbereich liegen (vgl. Tab 3).

Der Proband ist seit seiner Jugend im Basketballbereich erfolgreich aktiv und trainiert zwei bis dreimal die Woche mit seinem Team.

In der Vorsaison gab es eine leichte Verletzung. Aufgrund eines Supinationstraumas im rechten Fuß kam es zu einem Riss im Mittelfußknochen, der über drei Monate mithilfe einer Bandage geschont werden musste. Dies hatte zur Folge, dass die Sehnen, Muskeln sowie die Stabilität des rechten Fußes nach erfolgreicher Genesung deutlich geschwächt war, als der linke Fuß. Schmerzen und Beeinträchtigung während des Trainings hat der Proband allerdings momentan keine.

1.1 Krafttestung

Wichtiger Bestandteil für eine langfristige Trainingsplanung ist die Krafttestung. Um die Testung möglichst genau ausführen zu können, sollte der Proband bereits regeneriert sein und vorher nicht trainiert haben. Außerdem sollten die Energiespeicher in Form von Kohlenhydraten geladen sein, um die bestmöglichen Ergebnisse bei der Krafttestung zu erzielen.

Aufgrund der Vorkenntnisse in einem Fitnessstudio des Probanden wird bei dem Basketballer der Test des subjektiven Belastungsempfindens durchgeführt. Dadurch gelingt es dem Probanden sich selbst einzuschätzen, ohne dabei seine ganze Energie auszuschöpfen. Des Weiteren ist der 23-Jährige bereits in der Verfassung Einflussfaktoren wie Verletzungen, Schmerzen oder Muskelversagen selbst beurteilen zu können.

Bei dem Krafttest werden im Vorfeld Übungen abgesprochen, die ausgeführt werden sollen. Dabei kann erfragt werden, ob es bereits Vorerfahrung mit den Übungen gibt und welche Gewichte und Wiederholungen bewegt worden sind, um eine ungefähre Einschätzung zu erlangen. Mithilfe der Borg-Skala (2004, S.A1016) (6 sehr leicht bis 20 sehr, sehr schwer), die das Belastungsempfinden bei jeglicher Übung widerspiegelt, soll möglichst der Wert 13 (etwas anstrengend) erreicht werden. Ziel hierbei ist es zehn technisch einwandfreie Wiederholungen auszuführen und die Intensität 13 zu treffen.

Nach der Auswahl der Übungen wärmt sich der Proband auf. Dies erfolgt auf dem Laufband, um möglichst den ganzen Körper beanspruchen zu können. Anschließend folgt ein spezielles Aufwärmen, welches mithilfe von Resistenz Bändern erfolgt. Da der Proband unter anderem seine Sprungkraft steigern möchte wird zunächst ein Sprungtest mit drei Anläufen ausgeführt und dokumentiert. Der Sprung soll aus dem Lauf heraus Richtung Basketballboard mit einem Bein erfolgen und markiert werden.

Aufbauend auf den Sprungtest werden die ausgewählten Übungen ausgeführt und mit der Borg Skala durch den Probanden bewertet. Ziel ist es beim dritten Testsatz das optimale Gewicht für den Probanden zu finden, mit der die Trainingsplanung gestaltet werden soll. Nach jedem Satz wird erfragt, wie hoch die Intensität ist und wird dementsprechend angepasst. Wichtig ist, dass zwischen den Sätzen Pausen eingebaut werden, um den Probanden genug Erholung gewährleisten zu können.

Tab.4 Krafttestung

Übung	LH Kniebeuge	Beinbeuger stehend am Gerät	Latzug am Kabelzug	LH-Rudern	Bankdrücken	Crunch (Maschine)
Testsatz 1	40kg	35kg	25kg	50kg	40kg	5kg
Borg Stufe	11	10	9	11	9	10
Testsatz 2	40kg	45kg	35kg	60kg	50kg	10kg
Borg Stufe	11	12	11	14	11	14
Testsatz 3	40kg	50kg	40kg	55kg	60kg	7,5kg
Borg Stufe	11	13	13	13	13	13
Ergebnis	**40kg**	**50kg**	**40kg**	**55kg**	**60kg**	**7,5kg**

*LH = Langhantel

Tab. 5 Sprungtest

Sprung 1	Sprung 2	Sprung 3
2,76m	2,84m	2,71m

Schlussfolgernd lässt sich anhand des Krafttests sagen, dass die optimalen Gewichte für die Trainingsplanung gefunden worden sind.

Aufgrund der Verletzung zeigt der Proband allerdings Schwächen im Unterkörper, da bei der Ausführung der freien Kniebeugen eine Dysbalance zu erkennen war. Um dies zu bestätigen wurden freie Ausfallschritte ausgeübt, die deutlich machten, dass der Proband dazu neigt, auf dem rechten Fuß instabil zu werden. Auch wenn die Intensität bei den Kniebeugen nicht erreicht worden ist, ist das Ziel des Probanden gewesen, eine technisch einwandfreie Ausführung auszuüben. Nach Beherrschung der Balance kann das Gewicht innerhalb des Makrozyklus angepasst werden.

Auf den anderen Seiten gelang es dem Basketballer bis an seine Grenzen zu gehen und kann somit seine Leistungsentwicklung über die Monate dokumentieren.

Ziel für die langfristige Trainingsplanung wird es sein, die freien Übungen richtig auszuführen, stabiler im Unterkörper zu werden und die Balance zwischen beiden Füßen herzustellen.

3

2 Zielsetzung/Prognose

Tab. 6 Darstellung der Ziele

	Inhalt	Ausmaß	Zeit
Ziel 1	Balance im Unterkörper herstellen	Leistungssteigerung der Ausfallschritte mit Gewichten von 8kg auf 16kg (10 Wiederholungen)	3 Monate
Ziel 2	Sprungkraft verbessern (erreichen des Basketballringes)	Von 2,85m auf 3,05m erhöhen	5 Monate
Ziel 3	Muskelaufbau	Skelettmuskelmasse um 3kg erhöhen von 35,4kg auf 38,4 erhöhen	6 Monate

Die Ziele des Basketballers beziehen sich, wie aufgezeichnet auf seine Schwächen, die sich maßgeblich auf sein Spiel auswirken. Durch die Dysbalance im Unterkörper, besonders zwischen beiden Füßen kann es im Spiel dazu kommen schnell das Gleichgewicht falsch einzuschätzen und somit möglicherweise Zweikämpfe unter dem Korb zu verlieren. Des Weiteren werden durch die Ausführung der Ausfallschritte unter anderem die Sprungkraft gestärkt. Bereits beim Krafttest war es nicht möglich Ausfallschritte mit höheren Gewichten auszuführen, ohne dabei das Gleichgewicht zu verlieren. Die Ausfallschritte sollen innerhalb des Makrozyklus als Vorbereitung für die freien Kniebeugen dienen.

Neben der Balance ist die Sprungkraft von Wichtigkeit für den Basketballsport. Aufgrund der eher kleineren Größe des Probanden soll die Sprungkraft gesteigert werden, damit beispielsweise Korbleger oder Zweikämpfe unter dem Korb gewonnen werden können. Ziel ist es bereits nach 5 Monaten den Korbring aus dem Lauf heraus erreichen zu können.

Als langfristiges Ziel soll der Muskelaufbau erfolgen. Der eher zierliche Student möchte in 6 Monaten seine Muskelmasse um 3kg erhöhen, um physisch davon profitieren zu können.

4

3 Trainingsplanung Makrozyklus

Tab.7 Der Makrozyklus

	Mesozyklus 1	Mesozyklus 2	Mesozyklus 3	Mesozyklus 4
Dauer	4 Wochen	6 Wochen	8 Wochen	6 Wochen
Trainingsziel	Kraftausdauer	Muskelaufbau (extensiv)	Muskelaufbau (intensiv)	Kraftausdauer
Organisationsform	GK/Station	2er- Split/Station	2er-Split/Station	Split /GK
Einheiten/ Woche	2 – 3	3 – 4	4	3 – 4
Übungen/ Muskelgruppe	1 – 2	2 – 3	2 – 3	1 – 2
Sätze/Übung	2 – 3	3 – 4	3 – 4	2 – 3
Satzpausen	60 Sekunden	60-80 Sekunden	70-90 Sekunden	60 Sekunden
Wiederholungen	15 – 20	8 – 12	6 – 8	15 – 20
Intensität: Borg Skala	14 – 16	15 – 16	16 – 18	15 – 16
Bewegungstempo	1 / 0 / 1	2 / 0 / 2	2 / 0 / 2	1 / 0 / 1

Der vorliegende Makrozyklus wurde für den Basketballer so konzipiert, dass er nach einer abgeschlossenen Saison nun in die Off-Season startet und somit das Krafttraining beginnen kann. Allgemein lässt sich sagen, dass es sich bei den 24 Wochen um eine lineare Periodisierung handelt, da über die Wochen die Intensität stetig steigt und parallel die Wiederholungszahlen verringert werden (Kraemer & Fleck, 2007, S-5-6).

In den letzten 6 Wochen wird der Makrozyklus dem Beginn der Basketballsaison gewidmet und dementsprechend die Intensität verringert.

Um nach einer intensiven Saison in das Krafttraining einsteigen zu können, wird im ersten Mesozyklus, welcher vier Wochen andauert in Richtung Kraftausdauer trainiert, damit sich der Proband an die Gegebenheiten sowie Übungen gewöhnen kann. Bei dem Ganzkörpertraining (GK) ist es wichtig, dass nach jeder Einheit ein Tag Pause eingelegt wird, damit sich der Körper regenerieren kann. Ansonsten könnte es durch Überbelastung und zu viel Training zu neuronalen Ermüdungen sowie zum Abbau von Testosteron kommen (Garhammer & Takano 1994, S.355). Aufgrund der noch nicht allzu großen Trainingserfahrung wird es dem Basketballer bei zwei bis drei Einheiten in der Woche gelingen, Reize sowie Effekte zu erlangen (Rhea, Alvar, Burkett & Ball 2003, S.458).

Auf der anderen Seite ist es von Bedeutung, dass eine gewisse Intensität während des Trainings stattfindet, um die gezielten Effekte zu erreichen. Mithilfe der Borg Skala lässt sich somit eine Intensität herausfinden, um mindestens 50% der individuellen Maximalkraft des Basketballers herausfinden zu können (Güllich & Schmidtbleicher 1999, S.226).

Während des Ganzkörpertrainings sollen pro Muskelgruppe ein bis zwei Übungen erfolgen, um den Zeitrahmen innerhalb einer Einheit nicht zu überschreiten. Auf der anderen Seite wurde bewiesen, dass bereits niedrige Sätze pro Muskelgruppe bei Trainierten sowie Untrainierten ausreichend sind, um Reize setzen zu können (Smilios, Pilianidis, Karamouzis & Tokmajidis 2003).

Die Wiederholungen während eines Satzes sollen möglichst in einer normalen Bewegungsgeschwindigkeit (1/0/1) vgl. Tab. 7 ausgeführt werden, damit während der laufenden Einheit die Kraftsteigerung angesteuert wird und die angezielten Gewichtserhöhungen bei Übungen gewährleistet werden können (Keeler, Finkelstein, Miller, Ferhnhall 2001, S.311).

Schwungvolle sowie zu schnelle Wiederholungen sollten vermieden werden, damit keine Verletzungen entstehen und der Muskelreiz dem umfangreichen Widerstand durch die Ausführung ausgesetzt wird (Goto, Takahashi, Yamamoto & Takamatsu, 2008, S.10-12).

Dabei sollen sich die Wiederholungen im Bereich zwischen 15 und 20 bewegen, die nach Strack und Eifler (2005, S.158) für die ILB Methode modifiziert worden sind.

Da sich der Proband während des Ganzkörpertrainings im Kraftausdauerbereich befindet wird nach jedem Satz eine Satzpause von 60 Sekunden eingelegt. Kurze Satzpausen brachten bei Trainierten sowie Untrainierten das Ergebnis, dass es bereits in den ersten fünf Wochen zu Ausschüttung von Testosteron sowie anderen hormonellen Reaktionen kam, die vorteilhaft insbesondere für den Hypertrophie Prozess sind (Buresh, Berg French 2009, S.65-66).

Nachdem der Proband den Gewöhnungsprozess abgeschlossen hat, erfolgen die nächsten sechs Wochen ein extensiver Muskelaufbau, der grundlegend für den intensiven sein wird. Da sich die Intensität in höheren Maßen bewegt und die Wiederholungen verringern, wird hier ein Split-Training ausgeführt. Bei dem Split-Training wird der Körper in Oberkörper (OK) und Unterkörper (UK) aufgeteilt und dementsprechend der Trainingsplan organisiert. Demzufolge können nach Fröhlich, Links und Pieter (2012, S.17) bereits drei bis vier Einheiten die Woche getätigt werden. Folglich sollten im Optimum zwei Einheiten pro Woche für den Oberkörper und zwei für den Unterkörper getätigt werden, wo jeweils zwei bis drei Übungen pro Muskelgruppe trainiert werden sollen. Da man sich bei einem Split Training auf die einzelnen Muskelgruppen fokussieren kann und somit mehr Zeit aufbringen kann. Alternativ kann der Proband jeweils eine Einheit für den OK und eine für den UK tätigen, worauf als dritte Einheit ein GK-Training folgt.

Die Wiederholungen werden sich im Bereich zwischen 8-12 befinden, da die Intensität steigt und die Gewichte dementsprechend erhöht werden. Jedoch kann während der Übungen ein Gleichgewicht zwischen hoch intensiven sowie mittleren Belastungen ausgeführt werden, um Effekte zu erzielen (Norton & Wilson 2010, S.28).

Aufgrund der eher höheren Intensität werden die Satzpausen angepasst, um sich nach den Wiederholungen zu erholen und eine volle Wiederherstellung der Leistungsfähigkeit gewährleisten zu können (Güllich et. al., 1999, S.232). Vergleichbar dazu gibt Fröhlich (2003, S.60) an, dass nach mittleren Krafteinsätzen kurze unvollständige Pausen von 45-120 Sekunden ausreichend sind.

Ein weiterer Unterschied bei den Ausführungen wird das Bewegungstempo sein. Durch die eher langsame Ausführung werden größere Kraftzuwächse erzielt und gleichzeitig das Verletzungsrisiko verringert (Toigo 2006b, S.129). Allerdings sollte erwähnt werden, dass durch die höhere Intensität und das langsame Bewegungstempo das Gewicht bei den Übungen so ausgewählt werden muss, dass die Ausführungen nicht gefälscht werden. Studien haben bewiesen, dass man durch die langsamere Ausführung weniger Last bewegen konnte als mit schnelleren (Kieser, 2003, S.172).

Nach dem extensiven Muskelaufbau soll der intensive Muskelaufbau angesteuert werden, um die Zielsetzung des Probanden erreichen zu können. Hierbei wird die Intensität der Einheiten wieder erhöht und die Wiederholungen verringert, um den Muskel effektiv reizen zu können. Die Satzpausen werden im Vergleich zum extensiven Aufbau etwas erhöht. Bei der Übungswahl sollte darauf geachtet werden, dass der OK im Vergleich zum UK im Verhältnis steht, damit der komplette Körper in Anspruch genommen wird.

Die letzten sechs Wochen des Makrozyklus werden, wie zu Beginn, dem Kraftausdauertraining gewidmet, da sich der Proband nun auf die kommende Saison mit seiner Mannschaft vorbereitet und Trainingseinheiten durchgeführt werden. Durch die zu hohe Intensität könnte somit keine Regeneration stattfinden und es würde zeitliche Engpässe geben. Aus diesem Anlass wird auf den Ganzkörperplan zurückgegriffen, der allerdings auch in Kombination zum Split Training ausgeführt werden kann. Dabei soll die Intensität verringert werden und die Wiederholungen erhöht, um im Kraftausdauerbereich arbeiten zu können. Wichtig hierbei ist es, dass die Intensität nicht all zu gering wird und mindestens 50% der Maximalkraft ausgeschöpft wird, um die erzielten Effekte erhalten zu können.

4   Trainingsplanung Mesozyklus

Tab. 8 Trainingsparameter

Dauer	4 Wochen	Trainingsziel	Kraftausdauer
Einheiten / Woche	2 – 3	Organisationsform	Ganzkörper / Station
Übungen / Muskelgruppe	1 – 2	Sätze / Übung	2 – 3
Bewegungstempo	1 / 0 / 1	Satzpausen	60 Sekunden
Intensität (Borg Skala)	14-16	Wiederholungszahl	15-20

Tab.9 Übungsauswahl Mesozyklus

Übungen	Wdh.	Intensität Woche 1	Intensität Woche 2	Intensität Woche 3	Intensität Woche 4
Kniebeuge LH	15-17	14	14	15	16
Bankdrücken	15-18	14	15	16	16
Beinbeuger liegend	17-20	14	15	16	16
Ausfallschritte-TRX	MAX	-	-	-	-
Lat-Zug am Kabelzug	15-20	14	15	16	16
Butterfly reverse	15-17	14	15	16	16
Seitheben	15-20	14	15	16	16
Wadenheben	18-20	14	15	16	16
Crunches	MAX	14	15	16	16

Der Proband soll mit einem Ganzkörpertraining einsteigen, welches sich über vier Wochen streckt, um sich an die Übungen, Ausführungen sowie Intensitäten gewöhnen zu können. Die Wiederholungen werden sich im Kraftausdauerbereich befinden (15-20 wdh.), woran die Intensität und Satzpausen angepasst werden.

In der Zielsetzung ist festgelegt, dass sich der Basketballer auf seinen Unterkörper fokussieren möchte, da sich aufgrund seiner Verletzung im Laufe der Saison Schwächen kennzeichnen konnten.

Der Trainingsplan des Probanden fängt mit Grundübungen, wie Langhantel Kniebeugen sowie Bankdrücken an, weil die gewisse Erfahrung und Technikbeherrschung vorhanden ist. Auf der anderen Seite liegt somit der Fokus auf den Grundübungen, damit die vorhandene Energie nicht völlig ausgeschöpft wird, da die Konzentration nach einer Zeit nachlässt und der Muskel ermüdet (Bixby 2009, S.208).

Die Kniebeuge wurde gewählt, um die Dysbalance zu erkennen und diese zu mindern. Dabei soll die Intensität allerdings erst in zwei Wochen erhöht werden, um sich erst mit der Übung vertraut zu machen. Mithilfe der Kniebeuge wird der Quadrizeps, Ischiocrurale, Gluteen, errector und iliopsoas trainiert.

Wichtig zu erwähnen ist, dass alle Übungen bei voller Range of Motion durchgeführt werden, damit der Muskel über die gesamte Kontraktionsstrecke belastet wird (Gottlob 2001, S.85). Denn eine triftige Ursache für eine Dysbalance ist unter anderem die, dass im Alltag nicht die komplette Bewegungsamplitude eines Gelenks durchgeführt und somit der Muskel nicht beansprucht wird (Verstegen & Williams, 2004, S.115)

Die darauffolgende Übung Bankdrücken soll ausgeführt werden, um die Brustmuskulatur zu stärken. Dabei wird unter anderem der Pectoralis major und minor trainiert, wobei auch die Schultermuskulatur und der Trizeps dabei helfen das Gewicht nach oben zu befördern. Das Gewicht soll so bestimmt werden, dass die Intensität und Wiederholungen erreicht werden.

Bei der dritten Übung wird der Beinbeuger am Gerät liegend trainiert, um ein Gleichgewicht zwischen Oberschenkelvorderseite und Oberschenkelrückseite aufrechtzuerhalten. Die Übung wird dem Basketballer helfen, besser in der Verteidigung zu sein. Vor allem die Beinmuskulatur ist ein wichtiger Faktor für die Verteidigung, da dort eine gebeugte Beinhaltung ausgeführt wird und dadurch schnelle Schritte erfolgen. Die folgenden Ausfallschritte am TRX sollen eine Stabilität im Sprunggelenk herstellen. Der Proband zeigte beim Krafttest Schwächen im Gleichgewicht, die durch die Verletzung hervorzurufen sind. Daher soll die Ausführung im langsameren Tempo erfolgen und die Wiederholungen können so oft getätigt werden, wie es die Kraft zulässt, um auch intensivere Phasen einführen zu können (Willardson et. al, 2010, S.28). Zudem ist die Übung effektiv, da funktionelle Stabilität durch neuromuskuläres Training und dadurch koordinative Übungen am sinnvollsten sind (Filbay & Grindem, 2019). Sollten die Wiederholungen auf Dauer zu leicht werden, können Gewichte mithilfe von Hanteln genutzt werden.

Um den Oberkörper zu beanspruchen, wird die Übung Latzug am Kabelzug ausgeführt, um die breite Rückenmuskulatur zu trainieren. Dabei wird nicht nur der Rücken trainiert, sondern der Bizeps, der Brachialis,der Brachioradialis sowie die hintere Schultermuskulatur. Auf den Basketball übertragen ist der Latzug eine wichtige Übung, denn gerade unterm Korb wird beim Rebound eine ähnliche Ausführung getätigt. Sobald man sich den Ball in der Höhe gegriffen hat, wird der Ball zum unteren Körper gezogen, um ihn von den Gegnern zu schützen.

Bei der Übung Butterfly Reverse, die am Gerät erfolgt, wird insbesondere die hintere Schultermuskulatur gestärkt. Da der Student neben der sportlichen Laufbahn auch viel am Schreibtisch sitzt, wird es ihm dadurch gelingen Verspannungen im Nackenbereich durch die Übung zu mindern. Auf der anderen Seite ist es von Wichtigkeit ein Gleichgewicht zwischen Körpervorder- und -rückseite herzustellen.

Die Schulter wird nochmal explizit mit der Übung Seitheben trainiert, die mit Hanteln ausgeführt werden, um sich auch mit freien Gewicht vertraut zu machen und ein Gefühl für die Gewichte zu bekommen. Hierbei werden schon geringe Gewichte ausreichen, um die Muskulatur effektiv zu treffen. Die Übung wird gewählt, um insbesondere den seitlichen Anteil des Deltamuskels sowie die Schulter zu stärken. Wichtig ist es, das optimale Gewicht für die Wiederholungen zu finden. Trainierende neigen oft dazu, die Übung abzufälschen, um möglichst viel Gewicht zu schaffen. Dies sollte verhindert werden, um Verletzungen zu vermeiden.

Um nochmal den Fokus auf die Sprungkraft zu setzen, wird die Übung Wadenheben ausgeführt. Die Übung soll an der Maschine erfolgen, um eine geringe Übungsvarianz und weniger Einfluss koordinativer Faktoren auf die Kraftleistung zu haben (Baechle et al., 2008, S.387).

Als letzte und abschließende Übung wird der Bauch mithilfe von Crunches trainiert. Die Wiederholungen bewegen sich, wie bei den Ausfallschritten bis zum Muskelversagen, um die Bauchmuskulatur zu reizen. Dabei können die Crunches frei getätigt werden, um eine effektivere Bewegungsamplitude zu erhalten. Die Intensität kann mithilfe von Variationen oder Gewichten gesteigert werden.

5   Literaturrecherche

Tab. 10 Studien zum Thema „Effekte des Krafttrainings bei Diabetes mellitus Typ-2" (Cauza E., Hanusch-Enserer U. & Strasser B., 2005; B. Jamshidpour, F. Bahrpeyma und M. Khatami, 2019)

	Studie 1	Studie 2
Wer hat die Studie durchgeführt?	Die Studie wurde von Cauza E., Hanusch-Enserer U., Strasser B., Ludvik B., Metz-Schimmerl S., Pacini G., Wagner O., Georg P., Prager R., Kostner K., Dunky A., Haber P. durchgeführt.	Die Studie wurde von B. Jamshidpour, F. Bahrpeyma und M. Khatami durchgeführt.
In welchem Jahr wurde die Studie veröffentlicht?	Die Studie wurde am 1. August 2005 veröffentlicht. (Archives of Physical Medicine and Rehabilitation, Volume 86, Issue 8, P.1527-1533)	Am 5. Oktober 2019 wurde die Studie veröffentlicht. Journal of Bodywork and Movement Therapies, Myofascial pain and treatment. Volume 24, Issue , P.98-103
Welche Forschungsfrage wurde untersucht?	Es ging um den Vergleich zwischen einem Krafttraining (KT) und einem aeroben Ausdauertraining (AA) bei Patienten mit Diabetes Typ-2. Dabei wurden die Auswirkungen auf die Muskelkraft, Herz-Kreislauf-Ausdauer und die Stoffwechselkontrolle aufgefasst.	Bei der Forschung ging es um die Auswirkung von Aerobic- sowie Krafttraining auf die gesundheitsbezogene Lebensqualität, körperliche Funktion und Muskelkraft bei Hämodialysepatienten mit Diabetes-Typ 2.
Mit welchen Versuchspersonen wurden die Studien durchgeführt?	Insgesamt nahmen an der Forschung 39 Patienten mit Diabetes Typ-2 teil. Davon waren 20 Männer sowie 19 Frauen im mittleren Alter beteiligt.	Bei der Studie nahmen 28 Diabetiker mit Hämodialyse teil, die in eine Kontrollgruppe (13 Patienten) und Trainingsgruppe (15 Patienten) aufgeteilt wurden.

	Studie 1	Studie 2
Wie sah der Versuchsaufbau der Studien aus?	Die Gruppe wurden zunächst in zwei geteilt. Gruppe 1 (GR1) mit 11 Männern sowie 11 Frauen nahmen vier Monate lang an einem Krafttraining teil. Die andere Gruppe 2 (GR2) bestehend aus 9 Männern und 8 Frauen bewältigten vier Monate lang ein Ausdauertraining. Bei dem Krafttraining sollten Woche für Woche die Sätze gesteigert werden. Grenzwert waren hierbei sechs Sätze pro Muskelgruppe. Die Wiederholungen schwankten in Bereich zwischen 10 und 15 pro Satz. Sobald die 15 Wiederholungen problemlos bewältigt wurden, wurde das Gewicht erhöht und angepasst. Bei den Übungen wurde ein Ganzkörpertraining ausgeführt. Bei dem Ausdauertraining hingegen sollten die Patienten dreimal die Woche 15 Minuten das Training auf einem Fahrradergometer absolvieren. Dabei wurden alle vier Wochen die Dauer um fünf Minuten verlängert. In den letzten vier Wochen betrug somit das Training ohne Aufwärmen und Cool Down 90 Minuten. Das ganze Training über wurde die Herzfrequenz überwacht. Die Intensität betrug 60% des maximalen Sauerstoffverbrauchs.	Die Trainingsgruppe führte während der Hämodialysebehandlung drei -mal pro Woche acht Wochen lang ein kombiniertes Aerobic- und Widerstandraining mit mittlerer Intensität (11-15/20 auf der Borg-Skala) durch. Die primären Endpunkte bestanden aus der körperlichen Funktion, gemessen mit einem 6-Minuten-Gehtest (6MWT), der HF-QoL (Lebensqualität), die mit dem Short Form Health Survey (SF-36) gemessen wurde, und der Muskelkraft der unteren Gliedmaßen, die mit einem tragbaren digitalen Dynamometer aufgezeichnet wurde.

	Studie 1	Studie 2
Welche relevanten Ergebnisse und Schlossfolgerungen lieferten die Studien?	Die Ergebnisse zeigten, dass der HbA1c -Wert nur bei der GR1 mit Krafttraining gesunken ist. Zudem verbesserten sich die Blutzuckerwerte sowie die Insulinresistenz. Bei der GR2 hingegen wurden keine Veränderungen aufgefasst. Daraus resultiert, dass bei der Verbesserung der glykämischen Kontrolle das Krafttraining wirksamer ist als das Ausdauertraining. Resultierend lässt sich sagen, dass das Krafttraining eine wichtige Rolle bei der Behandlung von Diabetes Typ 2 Patienten beitragen kann.	Die 6MWT-Distanz nahm in der Trainingsgruppe (36 %) signifikant zu. Die bilaterale Hüftbeugekraft (rechts, 24,5%; links, 30,4%) und die Abduktorenkraft (rechts, 27,6%; links, 25,2%) nahmen in der nicht trainierenden Kontrollgruppe signifikant ab, aber in der Trainingsgruppe wurde keine signifikante Veränderung festgestellt. Nach der 8-wöchigen Studie gab es weder in der Trainingsgruppe noch in der Kontrollgruppe signifikante Veränderungen der HR-QoL. Schlussfolgernd lässt sich sagen, dass kombiniertes aerobes Widerstandstraining bei Hämodialysepatienten mit Diabetes Typ 2 bei der Verbesserung der körperlichen Funktion und der Muskelkraft der unteren Gliedmaßen wirksam sein könnten.

6   Literaturverzeichnis

Baechle, T. R., Earle, R. W. & Wathen, D. (2008). Resistance training. In T. R. Baechle & R. W. Earle (eds.), *Essentials of strength training and conditioning* (3. ed.) (pp. 381-412). Champaign, IL: Human Kinetics.

Bellezza, P. A., Hall, E. E., Miller, P. C. & Bixby, W. R. (2009). The influence of exer- cise order on blood lactate, perceptual, and affective responses. *Journal of Strength and Conditioning Research, 23* (1), 203-208.

Borg, G. (2004). Anstrengungsempfinden und körperliche Aktivität. D*eutsches Ärzte- blatt, 101* (15), A1016-1021.

Buresh, R., Berg, K. & French, J. (2009): The effect of resistive exercise rest interval on hormonal response, strength, and hypertrophy with training. *Journal of Strength and Conditioning Research, 23* (1), 62-71.

Cauza E., Hanusch-Enserer U., Strasser B., Ludvik B., Metz-Schimmerl S., Pacini G., Wagner O., Georg P., Prager R., Kostner K., Dunky A. & Haber P., (2005): The Relative Benefits of Endurance and Strength Training on the Metabolic Factors and Muscle Function of People With Type 2 Diabetes Mellitus. *Archives of Physical Medicine and Rehabilitation. Volume 86, Issue 8,* P.1527-1533.

Filbay, Stephanie R.; Grindem, Hege (2019): Evidence-based recommendations for the management of anterior cruciate ligament (ACL) rupture. In: *Elsevier, Best Practice & Reasearch Clinical Rheumatology,* S. 33–47.

Fröhlich, M. (2003). *Kraftausdauertraining. Eine empirische Studie zur Methodik.* Göttingen: Cuvillier.

Fröhlich, M., Links, L. & Pieter, A. (2012). Effekte des Krafttrainings. Eine metaanaly- tische Betrachtung. *Schweizerische Zeitschrift für Sportmedizin und Sporttrau- matologie, 60* (1), 14-20.

Garhammer, J. & Takano, B. (1994). Training im Gewichtheben. In P. V. Komi (Hrsg.), *Kraft und Schnellkraft im Sport* (S. 353–364). Köln: Deutscher Ärzte-Verlag.

Goto, K., Takahashi, K., Yamamoto, M. & Takamatsu, K. (2008). Hormone and re- covery responses to resistance exercise with slow movement. *The Journal of Physiological Sciences, 58* (1), 7-14.

Gottlob, A. (2001). *Differenziertes Krafttraining.* München: Urban & Fischer.

Güllich, A. & Schmidtbleicher, D. (1999). Struktur der Kraftfähigkeiten und ihrer Trai- ningsmethoden. *Deutsche Zeitschrift für Sportmedizin, 50* (7/8), 223–234.

Jamshidpour, B., Bahrpeyma, F., & Khatami. M., The effect of aerobic and resistance exercise training on the health related quality of life, physical function, and muscle strength among hemodialysis patients with Type 2 diabetes. *Journal of Bodywork and Movement Therapies, Myofascial pain and treatment. Volume 24, Issue* , P.98-103.

Keeler, L. K., Finkelstein, L. K., Miller, W. & Fernhall, B. (2001). Early-phase adapta- tions of traditional-speed vs. superslow resistance training on strength and aer- obic capacity in sedentary individuals. *Journal of Strength and Conditioning Re- search, 15* (3), 309-314.

Kieser, W. (2003). *Ein starker Körper kennt keinen Schmerz. Gesundheitsorientiertes Krafttraining nach der Kieser-Methode.* München: Heyne.

Kraemer, W. J. & Fleck, S. J. (2007). *Optimizing strength training. Designing nonlinear periodization workouts.* Champaign, Ill: Human Kinetics.

Rhea, M. R., Alvar, B. A., Burkett, L. N. & Ball, S. D. (2003). A meta-analysis to determine the dose response for strength development. *Medicine and science in sports and exercise, 35 (3)*, 456–464.

Smilios, I., Pilianidis, T., Karamouzis, M. & Tokmakidis, S. P. (2003). Hormonal re- sponse after various resistance exercise protocols. *Medicine and Science in Sports and Exercise, 35* (4), 644-654.

Strack, A. & Eifler, C. (2005). The individual lifting performance method (ILP). A prac- tical method for fitness- and recreational strength training. In J. Gießing, M. Fröhlich & P. Preuss (eds.), *Current results of strength training research* (pp. 153-163). Göttingen: Cuvillier.

Toigo, M. (2006b). Trainingsrelevante Determinanten der molekularen und zellulären Skelettmuskeladaptation. Teil 2: Adaptation von Querschnitt und Fasertypmo- dulen. *Schweizerische Zeitschrift für Sportmedizin und Sporttraumatologie, 54* (4), 121-132.

Verstegen, M. & Williams, P. (2004). *Core performance. The revolutionary workout program to transform your body and your life.* Allentown, PA: Rodale Press.

Willardson, J. M., Norton, L. & Wilson, G. (2010). Training to failure and beyond in mainstream resistance exercise programs. *Strength and Conditioning Journal, 32* (3), 21-29.

7 Abbildungs- und Tabellenverzeichnis

7.1 Tabellenverzeichnis